覚悟の磨き方

超訳 吉田松陰

SHOIN YOSHIDA

編訳 池田貴将

sanctuary books

この命をどう使い切るか。
ついに志を立てる時がきた。

誰よりも熱く、誰よりも冷静だった天才思想家

PROLOGUE
SHOIN YOSHIDA

PROLOGUE

かつて吉田松陰ほど型破りな日本人はいただろうか。

時代は、鎖国のまっただなか。

日本がかたくなに孤立状態をつづける一方で、アジアは次から次へと欧米諸国の植民地になっていた。

あの強かった清（中国）までも、西洋化の巨大な波に呑まれて、諸外国に道をゆずりながら生き延びようとしていた。

日本にも転機がやってくる。一八五三年、ペリーが黒船を連れてやってきたときのことである（この事件から明治維新までを〝幕末〟という）。

開国させるためには、圧倒的な技術力の違いを実際に見せつけるのがいいだろう。そう考えたペリーがいきなり大砲三発を威嚇発射すると、江戸（東京）はまさに天地がひっくり返るような騒ぎになった。そのとき江戸幕府と言えば、すっかり沈黙してしまっている。

刀じゃ大砲に勝てるはずがない。日本はもうおしまいだ。武士から農民まで誰もがそう確信し、眠れない夜がつづく中でただひとり、西洋を追い抜いてやろうと意気込んでいる若者がいた。

吉田松陰、二十五歳。

兵法の専門家であった彼は、しばらく「どうやって西洋を倒そうか」虎視眈々と作戦を立てていた。だが実際に黒船の大砲を目にすると、急にこんなことを思いはじめた。

これは勝てない。

松陰の頭の切り替えは早かった。

いくら敵意を燃やしたって、日本を守ることはできないのだから、むしろ外国のやり方を学んだ方がいい
発想を逆にしてしまったのだ。

鎖国である。海外渡航などすれば、もちろん死刑である。

だが松陰はそんなことは気にしない。

翌年、再び黒船がやってくると、「日本にとって今なにが一番大事なのか」を明らかにし、すぐさま思い切った行動に出た。

松陰はこう言い残している。

PROLOGUE

今ここで海を渡ることが禁じられているのは、たかだか江戸の二五〇年の常識に過ぎない。

今回の事件は、日本の今後三〇〇〇年の歴史にかかわることだ。くだらない常識に縛られ、日本が沈むのを傍観することは我慢ならなかった。

彼はすばらしい戦略家だったが、こういうときはろくに計画も立てなかった。「動けば道は開ける!」とばかりに、小舟を盗むと、荒波の中をこぎ出していって、そのまま黒船の甲板に乗り込んだ。

突然の東洋人の訪問に、アメリカ艦隊は驚いた。

無防備な侍が、法を犯し、命がけで「学ばせてくれ」と挑んでくる。その覚悟と好奇心の異常ぶりを恐れたのだ。同時に、日本の底力を思い知った。

そして吉田松陰のこの小さな一歩が、後の「明治維新」という大きな波を生むことになる。

松陰は生まれたときから空気のように存在していた「しきたり」を破り、行動をもって自分の信念を貫くことをよしとした。

そんな情熱家である一方、松陰は大変な勉強家でもあった。旅をしながらでも本を読み、牢獄に入れられても読みつづけた。それもただ黙々と読むのではない。人物伝を読みながら、その人物の清い態度に号泣し、軽率な行動に激怒し、華々しい活躍に踊りあがった。

頭ではなく、感情で学ぼうとする男だった。まるで子どもである。だからこそ学んだことが、ストレートに行動へつながったのかもしれない。

密航で捕まった後の松陰は、江戸から故郷の長州藩（山口県）萩へと送られた。そしていつ出られるかもわからない牢獄の中で、松陰はそこにいる囚人たちを弟子にすることになる。

すでに何十年と牢獄の中にいる人もいた。生まれたときから、すでに生きる希望を失っているような人も多かった。だが、松陰は身分や出身によって人を選ぶことなく、一人ひとりから才能を見つけようと親身になった。

仮釈放されると、松下村《まつもと》という小さな村で塾をはじめることになる。これが後に

PROLOGUE

伝説となったかの「松下村塾」である。

当時、長州藩には「明倫館」という藩校があり、そこには藩から選ばれた優秀な武士の子どもが集められ、一流の教師がついて、一流の教科書が用意された。

だが下級武士の子どもが集まる松下村塾に教科書はなく、まともな校舎すらなかった。

だから教科書は夜を徹して、弟子といっしょに書き写し、校舎も弟子たちとの手作りで最低限のものをこしらえた。

十畳と八畳の二間しかない塾。

そこで、吉田松陰が教えた期間はわずか二年半である。

そんな松下村塾が、かの高杉晋作や伊藤博文（初代総理）をはじめとして、品川弥二郎（内務大臣）、山縣有朋（第三代／第九代総理）、山田顕義（國學院大學と日本大学の創設者）を送り出した。結果的には、総理大臣二名、国務大臣七名、大学の創設者二名、というとんでもない数のエリートが、「松下村塾出身」となった。

こんな塾は世界でも類を見ない。

松陰はなぜこんな教育ができたのだろうか。

松陰は「いかに生きるかという志さえ立たせることができれば、人生そのものが学問に変わり、あとは生徒が勝手に学んでくれる」と信じていた。

だから一人ひとりを弟子ではなく友人として扱い、お互いの目標について同じ目線で真剣に語り合い、入塾を希望する少年には「教える、というようなことはできませんが、ともに勉強しましょう」と話したという。

教育は、知識だけを伝えても意味はない。

教える者の生き方が、学ぶ者を感化して、はじめてその成果が得られる。

そんな松陰の姿勢が、日本を変える人材を生んだ。


松陰はただの教育者では終わらない。

幕府の大老・井伊直弼《いいなおすけ》と老中・間部詮勝《まなべあきかつ》のやり方に憤慨した松陰は、長州藩に「間部を暗殺したいので、暗殺に使う武器を提供してほしい」と頼み込んだ。驚いた長州藩は、また松陰を牢獄に入れることになる。

次第に過激さを増していく吉田松陰。

それに対し、松下村塾の弟子たちは血判状を出して懸命に止めようとしたが、松

PROLOGUE

陰はさらにその弟子たちとも縁を切ってしまう。

そしてある疑いで幕府の役人に取り調べを受けたとき、松陰は聞かれてもいない「間部詮勝の暗殺計画」を自分から暴露する。

当時、一介の武士が幕府の役人に意見ができる機会はめったになかったため、暗殺計画を告白することで、自分の考えを伝えるチャンスを得ようとしたのかもしれない。

だが結果的にその機会を得ることはなかった。松陰は捕まり、かの「安政の大獄」の犠牲者になった。

吉田松陰はこうして三〇歳でその生涯を閉じる。

若すぎる死。

一方で、松陰の志は生き続けた。

松下村塾の弟子たち、そしてその意志を継いだ志士たちが、史上最大の改革である明治維新をおこし、今にいたる豊かな近代国家を創り上げたのだ。

英雄たちを感化した、松陰の教えはシンプルで力強い。

学者でありながら、てらいや見栄、観念的なことをとことん嫌ったからだろう。

逆境にあるときほど、そんな思想が大きな力になることもある。

本当に後悔しない生き方とは一体なにか。この本を媒介として、ともに考えられたら嬉しく思う。

池田貴将

目次

CONTENTS
SHOIN YOSHIDA

土
LEADER-SHIP

CONTENTS
SHOIN YOSHIDA

CONTENTS
SHOIN YOSHIDA

CONTENTS
SHOIN YOSHIDA

知 WISDOM

CONTENTS
SHOIN YOSHIDA

友
FELLOW

CONTENTS
SHOIN YOSHIDA

死
SPIRIT

心

MIND

SHOIN
YOSHIDA

歳月は齢と共にすたるれど
崩れぬものは大和魂

MIND

SHOIN YOSHIDA

松陰からの学び一

動きながら準備する

やろう、とひらめく。

そのとき「いまやろう」と腰を上げるか、「そのうちに」といったん忘れるか。やろうと思ったときに、なにかきっかけとなる行動を起こす。それができない人は、いつになってもはじめることができない。むしろ次第に「まだ準備ができていない」という思い込みの方が強くなっていく。

いつの日か、十分な知識、道具、技術、資金、やろうという気力、いけるという予感、やりきれる体力、そのすべてが完璧にそろう時期がくると、信じてしまうのだ。

だがいくら準備をしても、それらが事の成否を決めることはない。

いかに素早く一歩目を踏み出せるか。いかに多くの問題点に気づけるか。いかに丁寧に改善できるか。少しでも成功に近づけるために、できることはその工夫しかない。

よく行動する人は、知識は必要最低限でいいと考える。なぜなら実際に動く前に、わかることなんてほとんどないと知っているからである。

だからよく失敗する。だがそれで「順調」だと思っている。

そのように私たちの脳は、自分の行動をうまく正当化するようにつくられている。

小さくても、「一歩を踏み出す」という行為さえ続けていれば、「なぜこれが正しいのか」脳が勝手に理由を集めてくれる。

吉田松陰は、行動につながらない学問は無意味だと考えた。

大切なのは、不安をなくすことではない。

いかに早く、多くの失敗を重ねることができるか。

そして「未来はいくらでも自分の手で生み出すことができる」という自信を、休むことなく生み続けることなのである。

MIND
SHOIN YOSHIDA

001

結果じゃない

大事なことは、
なにを、どう手に入れるかではなく
どんな気持ちを感じたいかなのです。
たとえ手に入れたものが、どれだけ美しくて広い家だとしても、
住んでいる人がやさしい気持ちになれないのなら、
それは貧しい人生です。

002

やり切るまで手を離すな

たいていの人はまだ序の口で、
いよいよこれからが本番だというときに、
自分の田んぼを放置して、
人の田んぼの雑草を取りたがるのです。
人の田んぼの雑草を取るというのなら、
まだいい方かもしれません。
一番多いのは、人が懸命に草を取っている姿を傍観して、
その取り方がいいとか悪いとか、批評ばかりしている人です。
まずは自分が今いるところからはじめましょう。
人生の喜びを十分に味わうために。

MIND
SHOIN YOSHIDA

003

本当に幸せな人

幸せな人の心は二種類に分かれます。
ひとつは
どれだけ貧しくて、厳しい状況に置かれても、
いつもゆったりとした雰囲気でいて、
決して他人を責めたり、自分の運を呪うことのない心です。
もうひとつは
誰に対しても、まるで家族みたいに親切で、
どこかで困っている人がいると聞けば、
もうそれだけで食事がのどを通らなくなったり、
不眠になったりするほど気を配る心です。

どちらも同じ心のことです。

つまり、
自分がどれだけひどい状況に置かれても、
そのことについては考えないので、
その分、世の中の人たちにやさしくなれる。
言い換えれば、
世の中の人たちにいつもやさしくしているから
自分がどれだけひどい状況になっても
あまり気にしなくて済む、ということでもあります。

ですから
自分の身の回りのことにいつも腹を立てているような人に、
「今の世の中は……」と語ってほしくないわけです。

MIND
SHOIN YOSHIDA

004

懇願

お願いです。本当にお願いですから
たった一回負けたくらいで、やめないでください。

005

ためて一気に吐き出す

時には不満に思うことや、納得のいかないこともあるでしょう。
苦しい気持ちも、愚痴をこぼしたり、大騒ぎしたりしていれば、
次第に楽になっていくものです。
しかしその先には「惰性」しかありません。
簡単に「憂さ晴らし」はしないでください。
憤りをかみ砕いて、ぐっと呑み込むことができれば、
それがいつか物事を変える力になりますから。

MIND

SHOIN YOSHIDA

006

そこに未来がある

自分の心がそうせよと叫ぶなら、
ひるむことなく、すぐに従うべきだと思います。

007

後ろを見ない

ミスをして落ち込む暇があったら、
ただちに「次はこうする」と決めて、
新しい仕事に取りかかりましょう。
若ければいくらやり直したって、
たいした問題にはなりませんから。

008

なにを選ぶか、どう選ぶか

自分にとっての利益。
これをなるべく増やそう、残そうとすればするほど、
判断基準がぶれ、迷いが生まれます。
反対に、自分の利益さえ一番後回しにできるなら、
やろうがやるまいが、どれを選ぼうとも、
物事は気持ち良く進んでいくものなのです。
自分のことを考えると、かえって自分のためになりません。

009

逆境に礼を言う

鉄は何度も熱い火の中に入れられて、
何度も固い金槌で叩かれて、はじめて名剣に仕上がります。
すばらしい人生の送り方もよく似ています。
何度もくり返されるきわめて不都合で、
ありがたくない経験の数々が、
旅路を美しく輝かせてくれるのです。

MIND
SHOIN YOSHIDA

010

自分はどうあるべきか

反求諸己。

「すべての問題の根本は自分の中にある」

どれだけ大きな計画であっても、
物事を動かす基本はここにあります。

計画がうまくはかどらずに悩んだときは、
外部に答えを求めることなく、

「まず自分はどうあるべきなのか」

雑音から距離を置いて、 ひとり静かに考えてみましょう。

MIND

SHOIN YOSHIDA

011

運が向かない人の考え方

壊そうとするから、壊されるのに、
打ち負かそうとするから、打ち負かされるのに、
人を見下すから、人から見下されるのに、
そうとは気づかずに、苦しんでいる人は本当に多いものです。

そしてすべてを失いそうになってもなお、
その原因を作ったのは自分自身なんだって、
考えが及ばないのは、本当に悲しいことです。

MIND
SHOIN YOSHIDA

012

頭と心の関係

ご存じの通り、
すべての人の心には善と悪が同居していて、
その心がいいことも、悪いこともさせます。

では〝性善〟というのはどんなものかと言えば、
それは万人に生まれつき備わっているものですが、
やむにやまれず「いいことをしたい！」と思ったとき、
そうさせる心、それが〝性善〟に間違いありません。
ですが、間髪入れずに湧き上がる
「名声が欲しいから」とか
「得をしたいから」といった欲望が、「善」を邪魔してしまいます。

こういった欲望は、「善」を頭で考えるから、
生まれてしまうのです。
この頭から生まれるものを、
相手にさえしなければ、正義は実行できます。
頭のために、心をすり減らすほど愚かなことはありません。
頭は心を満たすために使うものです。
「心から満足できる行い」にもっと敏感になりましょう。

MIND
SHOIN YOSHIDA

013

この世の恩に報いる

昨日も食事をして、着られるものを着て、
屋根の下でやすらかに眠ることができたなら、
今まで自分の身に起こった出来事をひとつ思い出し、
心から感謝をすることです。

MIND
SHOIN YOSHIDA

014

不安のない生き方

「先行きの不安」に心を奪われないようにするためには、
あれこれ目移りすることなく、
自分という人間を鍛えることに集中して、
「全力を出し切りますので、あとは天命におまかせします」
という心構えでいるのが、良いと思います。

015

また会いたくなる人

毎日、少しずつ「いいこと」を積み重ねていると、本人も知らないうちに、身のこなし方が洗練されていき、顔とか背中から存在感があふれてくるものです。

どれだけ外見に気をつけたところで、この魅力に及ぶものではありません。

016

見失ったときに立ち返る

なにか新しいことをはじめようと思うなら、
その前に「なんのために、そうしようと思っているのか?」
はっきり言葉にしておいた方がいいでしょう。
はじめてしまってから
「なんのために、これをやっているのか?」
あわてて理由を探したところで、負け戦になるだけです。

017

感動は逃げやすい

山の小道というものは、
人が通っているうちは道ですが、
ひとたび人が通らなくなると、
すぐに草が生え、ふさがってしまうものです。
人の心も同じで、
良い話は誰もが好きだから、
すぐに影響されて「自分もがんばろう」と決意しますが、
なにも行動に移さないと、すぐに心から逃げてしまいます。
道ができるか、ふさがるかは一瞬です。
やってみましょう。
人はいつでも、いまこの瞬間から変われるのですから。

MIND
SHOIN YOSHIDA

018

死ぬ気とはなにか

「死ぬ気でやる」

口にするのは簡単ですが、意味はとても深い言葉です。

この言葉の意味を、人生の中で何度も反芻しているうちに、

「我慢するべき時」と「勇気を出してやるべき時」

「動くべきではない時」と「すぐに動くべき時」

この違いがだんだんわかってくることでしょう。

019

甘えを捨てろ

人にまかせきりにしないで、
自分にできることを見つけて、やってみましょう。
「まわりとうまくいかない」
なんてぼやいていないで、仲良くなる努力をしましょう。

なぜって？
あなたは今日から大人だからです。

020

流れを変えるのは自分の行動

幸運とか不運というものは、
天から無差別に降ってくるものではなく、
すべて自分の方から求めているものなんです。

そのことを思い出すことができれば、
他人のせいにしたり、
組織のあり方に腹を立てたりすることなく
「自分の行動を変えよう」
という発想に行き着くことができるはずです。

MIND
SHOIN YOSHIDA

021

夢を引き継ぐ者

「自分が実現させたいこと」について、
何度も考えて、考えて、考え尽くすこと。

人と話すときは、
その会話のはしっこでもいいから、
「自分が実現させたいこと」について語ること。

平和や安定を愛しながらも、
いつまでも続く平和や安定はない、
という事実を、つねづね自分に言い聞かせること。

誰かが問題や事件に巻き込まれたとき、
無関心でいたり、口を出すだけで済ませたりすることなく、
その解決のために、積極的に動くこと。

そうすれば、
仮に「自分の実現させたいこと」が、
断念せざるを得ない状況になったとしても、
誰かがその夢を受け継いでくれることでしょう。

022

失敗の定義は無数

失敗した。大変だ。

どうすればこの失敗の埋め合わせはできるのだろうか。

その方法をあわてて探すよりも、

「この失敗の一体なにが問題なのか？」

よくたしかめてから、対応に動くべきです。

MIND
SHOIN YOSHIDA

023

小さな肉体、無限の心

この肉体は自分、かつ一時的なものであり、
この心は宇宙、かつ永遠のものである。
というのが私の考え方です。

ですから、自分の肉体を誰かのために使っている人は、
いつもいきいきと輝いていますし、
反対に、自分の心を、自分の都合に振り回されている人は、
いつも暗い感じがいたします。

いつか肉体が消失したとしても、
まっすぐに生きた心は滅びません。
未来永劫、人々の心の中で生き続けるのです。

024

好かれようとせずに尽くす

「忠誠を誓う」というのは簡単なことではなく、
ただ上の人の言うことに、
同調すればいいというわけではありません。
つねに気を利かせて、先回りするというのも違います。
そこには、上の人に「好かれたい」「嫌われたくない」
という下心が働いているはずだからです。
見返りを求めずに、ただその人のために行動しましょう。
時間はかかるかもしれませんが、
それが信頼を得る一番の方法です。

MIND
SHOIN YOSHIDA

025

非凡にとっての普通

自分はそこらへんの連中とは違う。
そんな風に考えている人こそ、まさに「平凡」だと思います。
平凡か、非凡か、なんてどうでもいいことなんです。
ただなにかを真剣に追いかけてさえいれば、
いつか自然と「非凡な人」になっていることでしょう。

MIND
SHOIN YOSHIDA

026

最高の一文字

誠。
この一文字をよく味わってみてください。
何度でも心に刻んでください。
私欲を捨てて、誠に生きましょう。
年齢とは関係ありません。
その覚悟ができた瞬間から、
ようやく本当の人生がはじまるのですから。

027

満たされるために

心を良い状態に保ちたいならば、
自分がいま不足に感じていることを探して、
これを満たそう、補おうと望むよりも、
報酬や見返りを求めることなく、
誰かのために、気持ちをこめて働くべきです。

MIND
SHOIN YOSHIDA

028

やればわかる

行動を積み重ねましょう。
必要な知識や言葉は、やっているうちに身につきます。

029

やる恥やらない恥

「やりますと」と宣言したことを、とりあえずやってはみたものの、
まったくうまくいかずに、恥をかいた。
「やります」と宣言したものの、もしうまくいかなかったとき
に恥をかきそうだから、そうなる前にやめておいた。

二人の自分を鏡に映したとき、
本当に恥ずかしい人物はどちらでしょう?

030

わかっているふりの怖さ

一番の問題は、
その問題が一体どこから生じているものなのか、
誰もわかっていないということです。
わかっているなら解決に向かってもいいはずですが、
変わらないところを見ると、
どうもまだ気づいていないようです。

031

不器用の利点

すらすらと、うまくいったとしてもあまり意味がありません。
うまくいっても、なぜうまくいったのか、
人はすぐに忘れてしまうものだからです。

覚えが悪い方がよっぽどいい。
身体にしみ込むまで、くり返し努力できますから。

032

胸躍らせる存在

この世界には、とんでもない才能が無数にあふれている。
その言葉に勝る、励ましの言葉はありません。

MIND
SHOIN YOSHIDA

033

誰にでもある時期

なにもする気がない。
たまには、そんなときもあるでしょう。
でもそれは後から振り返れば、せいぜい一時的なことじゃないですか。
これからずっと成長していく物語の、たった一部ですよ。
なんでいちいち焦ったり、傷ついたりする必要がありますか。

MIND
SHOIN YOSHIDA

034

行動力を生む心がけ

日頃から威張っている人ほど、
いざっていうときになると黙りこんでしまいます。

日頃から「やる」って言いふらしている人ほど、
いざっていうときになるとなにもやらないものです。

未知なることを知ろうとすること。本質を見抜こうとすること。
その意識が一番、行動につながります。

MIND
SHOIN YOSHIDA

035

恥ずかしいこと

凡人はまわりから浮いていることを恥じ、
賢人は細かいことを気にする自分を恥じます。

凡人は外見が地味であることを恥じ、
賢人は中身が伴っていないことを恥じます。

凡人は自分の評価が低いことを恥じ、
賢人は自分の才能が使い切れていないことを恥じます。

本当の恥を知らない人間が、私は苦手です。

MIND
SHOIN YOSHIDA

036

感情が人生

照れないこと。冷めた態度を取らないこと。
もっと自分の感情に素直になりましょう。
不幸を聞けば泣けばいいし、
美しい景色を見れば、また泣けばいいのです。
感情は表現すればするほど、受け取る力が強くなります。
ありったけの心を動かして、人生を楽しもうじゃありませんか。

MIND

SHOIN YOSHIDA

037

心を向ける先

うまくいっている人を見ると、気持ちが焦ってしまいます。
ついている人をみると、自分の運のなさに腹も立ちます。
でも、そんなものは巡り合わせだから、気にしなくていいのです。
そんなことにかかわっている暇はありません。
一刻も早く、
「自分が今やらなければならない、一番大事なことはなにか？」
をはっきりさせてください。
悩むべきは、そのことだけです。

038

余計なことは考えない

いつか裕福になれるのか。
それともずっと貧しいままなのか。
いつか評判を生むことができるのか。
それともずっと誰からも相手にされないのか。
そんなことは知りませんし、
考えてどうにかなるものでもありません。
できるのは自分に与えられた仕事を、
一つひとつやり終えることだけです。

039

なんでもやってみる

できないのではなくて、ただやっていないだけです。
まだやったことがないことを、
「怖い」「面倒くさい」「不安だ」と思う感情は、
過去の偏った経験が作り出す、ただの錯覚です。
実際にやってみれば、意外とうまくいくことの方が多いのです。

MIND
SHOIN YOSHIDA

040

得を考えるのが損

結果はさまざまです。
全力を出せたかどうか、それだけを振り返りましょう。
正解なのは、それだけですから。

041

誇りを見直す

過去の成功を再現しようとしたり、
そこそこの収入を得て、それを維持しようとしたりすれば、
表面的などうでもいいことに振り回されることになります。

一方、どんなに地味に見える仕事でも、
本気になって取り組んでみれば、
そこから簡単に人生の喜びを得ることができます。

どこに意識を向けるべきか、心は最初からわかっているんです。

士

LEADERSHIP

SHOIN
YOSHIDA

士は過なきを貴しとせず
過を改むるを貴しと為す

LEADERSHIP

SHOIN YOSHIDA

松陰からの学び二

無駄を削ぎ落とす

集団社会で生きていくことは楽じゃない。

まわりに能力を認められるまで、居場所を手に入れるのに必死だ。

ひとたび自分の居場所を手に入れれば、今度はさらに居心地を良くするために、ひとつ上の暮らし、地位、家族、実績……などを手に入れようと必死になる。

そうするうちに、いつしか人は「居場所を守るため」に生きるようになる。

そのためだったら、たいていのことはできるようになり、生き方や信念ですら曲げられるようになる。

安心感を求めるのは生存本能だ。だが、松陰はそういう生き方を嫌った。

「安定した生活」の先には、目に見えぬものに怯える、つまらない日々しか待っていないと知っていたからだ。

松陰が理想としたのは武士の生き方だった。

士農工商という制度に守られていた武士は、なにも生み出さずとも禄（給料）があったが、その代わり、四六時中「生きる手本」であり続けなければいけなかった。

武士は日常から無駄なものを削り、精神を研ぎ澄ました。

俗に通じる欲を捨て、生活は規則正しく、できるだけ簡素にした。

万人に対して公平な心を持ち、敵にすらもあわれみをかけた。

自分の美学のために、自分の身を惜しみなく削った。

目の前にある安心よりも、正しいと思う困難を取った。

そのように逆境や不安に動じることなく、自分が信じている生き方を通すことこそが、心からの満足を得られる生き方だと、松陰は固く信じていた。

本当に大切にしたいことはなにか。

大切にしたいことのために、今できることはなにか。

その問いのくり返しが、退屈な人生を鮮やかに彩る。

042

迷わない生き方

最もつまらないと思うのは
人との約束を破る人ではなく、
自分との約束を破る人です。

043

自分にしか守れないもの

法を破ったら、罪をつぐなえますが、
自分の美学を破ってしまったら
一体誰に向かってつぐなえますか。

044

なにを優先し、なにを後回しにすべきか

自分たちが描いたゴールに向かって、
仲間と気持ちがひとつになる。
その空気ができ上がって、はじめて、
自分たちがすでに持っている能力や武器のすべてが、
どれも貴重なものだということに気づくことができます。
ですから、
仕事をする上で大切なのは、
なによりも人間関係を作ることなんです。
他のことは緩やかでもいいんです。

045

「他人事」の空気に呑まれない

「これからどうなっていくんだろう?」
そういう主体性のない言い方をする人とは、
かかわりあう価値がありません。
自分たちの運命を、
まるで世間話かなにかと勘違いしているようですから。
「自分にできることはなんだろう?」
自分が属しているものはすべて、
自分自身の問題として向き合うべきです。
ただ、むやみに「他人事のように語っていてはだめだ」
と非難することもやめましょう。
それも世間話をしているのと、あまり変わりませんから。

046

やる勇気よりもまかせる勇気

まじめな人なんていくらでもいます。
しかし大事な場面で、
大胆なことを実行できる人はほとんどいません。
そういう人の、細かい欠点をいちいち挙げているようでは、
すぐれた人材を得ることなんてできません。

047

どうなったって平気

たとえどんなに追いつめられたとしても、
その追いつめられたぎりぎりのところから
いつでも起死回生をはかれるはずだと信じている
ある意味、楽天家じゃなければ、
リーダーはつとまらないと思います。

LEADERSHIP
SHOIN YOSHIDA

048

チームワークの本質

あるチームはなにをやらせても
「利益になるかどうか」を考えながら行動します。
あるチームはなにをやらせても
「まわりにとっての最善はなにか」を考えながら行動します。

結局、大きな利益を手に入れるのは後者なのです。

049

人物

私が尊敬するのはその人の
能力ではなく、生き方であって、
知識ではなく、行動なんです。

LEADERSHIP
SHOIN YOSHIDA

050

まとっている空気感

まわりに感謝し、
人に喜ばれることをすれば、
心は自然に磨かれていきます。
そしてどんなにつらいときでも、
一生懸命に心を磨いていれば、
疲れるということを知らないものです。

051

足並みが揃うのを待たず、自分から走り出せ

死にものぐるいの人が一人でもいれば、全員がその勢いに引っ張られて、本気になります。弱かったチームも、一瞬で強いチームになります。強いリーダーがいるところには、弱い部下がいない、というのはそういう理由です。

052

いつでも死ねる生き方

あなたはあなた。
私は私です。
他人にはなんとでも言わせておきましょう。

私はできることなら、
権力に屈したり、お金に心を動かされたりせず
ただ、あなたたちと一緒に一つのことをきわめながら、
そのすばらしい技術と真心をもって、
士として恥ずかしくないよう、生き抜きたいと思います。

それさえ実現できるなら、
いつ命を落とすことになっても、いっこうにかまいません。

「そんなのは現実的には無理だ」とあなたが言うのなら
「無理ではなくて、まだ実現してないだけだ」
と私は答えましょう。

私の考え方に反対でしょうか。賛成でしょうか。

053

偉いから、堂々としているわけじゃない

昔から、大きなことをやり遂げた人物に
気短かで、落ち着きのなかった人はいません。
皆ゆったりとしていて、静かな佇まいだったんです。

054

士である証拠

どんなに状況が苦しくなっても、
事態が急変しても、相手が取り乱したとしても、
そのとき変わらずに、やわらかな心を持ち続けられるかどうか。
そこで、あなたが士であるかどうかが決まります。

055

丸くなりたくない人へ

今までの常識を無視しようとする人。
周囲から止められても、なかなかあきらめようとしない人。
それ以外は全員、並の人です。

056

あの人の態度が清いのは

なにか問題に出くわしたり、
準備していなかったことが起こったりすると、
人は本性を現しやすくなるものです。

ですから、誰も見ていないときや身内と一緒にいるとき、
自分一人でくつろいでいるようなときこそ、
まるで万人に見られているように振る舞った方がいいのです。

057

輪の中にいると見えなくなる

人が心ないことをしてしまうとき、
当人はそれが「ひどいこと」だとは自覚していないし、
少しも気にしていません。
もしも自分が部外者ならば、
はたから見て「ひどいこと」だってわかるはずです。
ですが人はひとたび輪の中に入ってしまうと、
どんなに賢い人でもその中に埋もれて、
自分のやっていることに、気づかなくなることがあるんです。

ですから、ときどき自分たちの行いを
客観的に考えてみることが大切です。
「もしかしたら私たちは、どうかしているのかもしれない」と。

058

まっすぐに生きる方法

状況や立場とは関係なく、
「人として正しい道」というものが
自分にだけはっきりと見えてしまう場面があります。
そのとき、何事もなかったかのようにふるまうか、
勇気を出して渦中に身を投じるか、
どう選択するかによって、その後の人生が変わります。
私は、たとえ傷つけられたりしても、
生き方だけは失ってはいけないと思います。

059

人をみきわめる

自分の生きる道を知る人は、
いつも地道でありながら、
その行動には迷いがないものです。
そして自分の言葉で、
自分の行動をごまかすことを最低の恥とします。

060

自分と向き合うとき

世の中の流れに逆らっているのかもしれない。
自分にとって大事な人を、敵に回してしまうかもしれない。
自分の美学を守るためには、そんな不安と戦うことになります。
そのとき不安と向き合うことなく、現状を維持してもいいし、
不安と戦いながら、理想をめざしてもいい。

ただ、道半ばで倒れたとき、
これが自分の人生だったって、笑いながら言えるのは
あなたにとって、どちらでしょうか。

061

重い責任

「リーダーもみんなと一緒に手を汚してほしい」
「リーダーも現場に細かく指示を出してほしい」
そんな声を耳にすることがあります。
部下たちが汗水を流しているときに
リーダーが動かずに、考え事をしていれば、
そんな愚痴を吐きたくなる気持ちもわかります。

ですが、リーダーは作業を行うべきじゃありません。
未来を変えるという大きな責任があるからです。

リーダーがやるべきことは、
人一倍、周囲に目を配ったり、
皆が気持ちよく動けるような規則を考えたり、
お互いがお互いを助け合えるような、雰囲気をつくることです。

そしてチームの調子が上向きのときも、悪いときも、
とにかく自分の都合は後回しにして、皆のために尽くすことです。

それだけできているのであれば、
もうリーダーの役割としては十分じゃないでしょうか。

062

聖人の「こだわらなさ」を知る

賢い人というものは、
たいてい権力者からの心付けとか、接待を受けようとせず、
〝媚びない態度〟というものを貫こうとするものです。
それで出世の道が遠のき、
思いがけない嫌がらせを受けることもありますが、
清潔なイメージを保つことはできます。
「あいつは金や権力に汚いやつだ」と罵られるよりも、
よほどましだと思っている人の生き方です。
しかし、いわゆる「聖人」と言われるレベルの人となると、
全然そういう態度ではないようです。
気にせず、受け取りますし、招かれます。
かの孔子もそうでした。

思うのですが、

本当にすばらしい人物は、なにもこだわらないのですね。
まるで鏡のように澄み切った心で、
どんなことも、どんな人も、あるがままに受け入れてしまう。
正義感あふれる人と会うときには、
その正義をたのしみますし、
礼儀正しい人と会うときには、
その礼儀をたのしみますし、
相手が正義も礼儀もない人だったとしても、
たった今、正義や礼儀を身につけたというなら、
以前におかした罪や、無礼をとがめることもありません。
もちろん、「また悪さをするんじゃないか？」
「礼儀正しいのも今だけじゃないか？」と疑うこともしません。
つまり人をジャッジしないんです。
しかし、ここまで態度の清らかな人物は、
よほどの心の持ち主だと思います。
私もこの境地まで達してみたいものです。

LEADERSHIP
SHOIN YOSHIDA

063

人に影響を与えられる人

他人への影響力は、自分への影響力に比例します。
他人の考え方を変えたいと思うならば、
まず自分の考え方を変えてみることです。

LEADERSHIP
SHOIN YOSHIDA

064

上が下に接する態度

部下が上司に、言いたいことを言えない。

そうなってしまったら、組織はおしまいだと思います。

もしまわりの人たちが従順すぎると感じたら、
上司は今すぐこう言うべきかもしれません。

「自由に意見を言え。じゃなきゃクビだ」

上司という立場の人は、
どんなに忙しいときでも、どんなに疲れているときでも、
どんなに心の余裕がないときでも、
部下の意見には注意深く耳を傾けなければならないのです。

LEADERSHIP
SHOIN YOSHIDA

065

リーダーをきわめる道

リーダーをきわめる道は二つあります。
一つは知識の豊富な人や、才能のある人たちと交流すること。
もう一つは、世界中のさまざまな分野の本を読むことです。

ですが仕事が忙しくて、それほど多くの人に会ったり、本を読んだりする時間はないとおっしゃるならば、次の六つのことを習慣にしてみてはいかがでしょうか。

一　そもそもこの組織は「なんのために存在しているのか?」を考えること。

二　今、自分が与えられている役割の中で「最も重要な果たすべき責任はなにか?」を考えること。

三　「この組織が大好きで、尽くしてくれる人」が成長できるチャンスを作ること。

四　「最近うまくいっている事例」を情報収集すること。

五　何者かが自分たちの領域を侵さぬよう、外の動静を見張ること。

六　いつでも、従業員とお客さんを愛すること。それを第一に考えること。

066

熱い生き方

立場的に弱い人、うまくいっていない人にやさしくする。
両親や上司をはじめ、お世話になっている人たちに、
なにかにつけ感謝の気持ちをあらわす。
学ぶことと実践すること、どちらも同じくらい時間を費やす。
憧れのあの人をいつか超えてやると、燃えている。
そうやって生きていれば、
いつか皆に慕われる人物になることでしょう。

067

話し合いの本当の目的

人間同士、意見がぶつかってしまうと、
つい相手を言い負かそうとしてしまうものです。
しかし「皆にとって、どうなることが最善か」
というポイントに向かうためであれば、
自分の意見など気持ち良く取り下げるくらい、
皆のために生きてほしいものです。

068

心をつなぐ

チームのことを本気で心配するのなら、
自分の意見を引っ込めてはいけません。
大恥をかいたとしても、たとえクビになりそうだとしても、
言わなければいけないと思ったことは、その場で言うのです。

069

上に立つ人間の日常

どれだけまわりに嫌われたっていいのです。
無能だ、役立たずだと陰で笑われたってかまいません。
ただ組織が危機に陥ったとき、
心がぶれない、その覚悟さえできていれば。
日常を、非日常であるかのように過ごしましょう。

070

計画を立てる前の儀式

自分は今なんのために働いているのか。
このチームは今なんのために存在するのか。
まずはその答えを出してみましょう。

それから、
力や勢いでもって人を支配すること、
王者の風格でもって人の心を感化すること、
両者の違いについて考えてみましょう。

計画を立てるのはそれからです。
この手順をきちんと踏めば、一時しのぎではない、
大きな夢につながるような計画が立つはずです。

071

すべての力は中心へ

突然、危機が襲ってきたとしても、
中心人物の心さえ乱れなければ、なにも問題はありません。
一時的に不安定になったとしても、
長期的に考えれば安定していることでしょう。
ですから、組織が揺るがないようにするためには、
中心人物の心が乱れないように、
皆で力を合わせるのが一番効果的なのです。

072

すぐに育つものはない

「人を育てなさい」ということは、
「一晩で別人のように変えなさい」
ということではありません。
思いやりと一貫性のある正しい態度を、
沐浴のようにじっくりと浴びせ、
染みついていたものが
自然と流れ落ちていくのを待ちましょう。
そして本人も気づかないうちに、悪いものから遠ざかり、
良いものへと移っていく、その様子を近くで見守り続ける。
できることは、ただそれだけです。

073

先駆者の思考

「なにが得られるか」は後。「自分たちがやる意味」が先です。
群れから抜け出したかったら、
考え方の順番を思い切って変えてみることです。

074

腹が据わっている人のおまじない

「一生やり続ける」
すごくシンプルですが、
これほど多くを語る言葉もありません。

みだらな誘惑、未知の物事に対する恐怖、
手軽な安心感、どれも乗り越えることができるのは、
「一生やり続ける」この言葉が
背骨に叩き込まれている人だけです。

075

ミスを認め、失敗を責める

失敗しないことは、自慢になりません。
なにも失敗していないということは
なにもやっていないということだからです。

自分の立場を守ろうとしないで、
あれは失敗だったと潔く認めましょう。
どんな大きな失敗でも、
次に改めれば決して無駄にはなりません。

076

使える部下がいないという勘違い

リーダーは忘れてはいけません。
才能のある部下がいないのではなく、
部下の才能を引き出せる人物が、
まだこの場にいないだけだということを。

077

隠しきれるものじゃない

評価する人が誰もいないところで、
どれだけ人の悪口を言わずにいられるか。善行を重ねられるか。
正々堂々と戦えるか。一生懸命に働けるか。
それらの行いがすべて「人間性」として表れます。

志

VISION

SHOIN
YOSHIDA

かくすればかくなるものと知りながら
やむにやまれぬ大和魂

VISION
SHOIN YOSHIDA

松陰からの学び三

慣れ親しんだ場所から出る

ひとりの人間には多くの可能性がある。
ただひとり、「自分」だけが可能性を制限することができる。
今までの自分が、これからの自分を決定すると誰もが考えているのだ。
生まれてから今日まで、いろんなつらいこと、痛みを感じることがあった。
もう二度とそんな目に遭わないよう、「自分」はつねに的確な助言をくれる。
過去の自分の言うことを聞けば安全で、安心だ。
だが「心からの充実」は得られない。
居心地の良い場所にい続ける限り、「本当にやりたいこと」はできない。
むしろ新しい刺激に弱くなり、だんだん感性が鈍ってくるだけだ。
志は現状維持を否定する。
今のシステム、考え方、ルール、

そういうものを飛び越えないと実現しないものに、目を向ける。

今、手にしている現実は、過去の選択の結果だ。

そして未来は、今まさに、心で決めたことによって決まる。

いつからでも。どこからでも。

松陰の感覚は「うまくいくか知らないが、これをやらなければなにもはじまらない」だった。

それは良い結果を出すためでも、周囲から称賛されるためでもなく、人並み外れて強く、心からの充実感を手に入れたいと思ったがためだった。

慣れ親しんだ場所から出たとき、自分にとって本当の人生がはじまる。


評判は傷ついても、生き方は傷つかない。

生き方を傷つけるのは、自分だけである。

VISION
SHOIN YOSHIDA

078

本気の志

人類が誕生して以来、
一つのことに本気で取り組んでいる人の姿を見て、
心を動かさなかった人はいません。

079

短期で求めない

大物を手に入れたいのなら、
目先のものを追いかけるんじゃありません。

VISION
SHOIN YOSHIDA

080

未来のために

やってしまえば、こうなるとはわかっていましたが、
やるべきだという、私の熱い血には逆らえなかったのです。

081

知らないものを味わう

誰かが取り組んでいるからといって、
遅れて取り組もうとするのは「決断」とは言いません。
先だって決断し、
まだ誰も足を踏み入れたことがない景色を見てほしいのです。

082

いけるときは今しかない

出し惜しみしないでください。
「いざとなったらできる」というのは、
ふだんからチャレンジをくり返している人だけが
言えるセリフですよ。

083

人である意味

人は「なんのために生きているか」で決まるのです。
心に決めた目標のない人間は、もはや「人間」とは呼びません。
もし思い出せないなら、今すぐ思い出す時間を作るべきです。

084

時代に新しい風を吹かす

自分の信念を貫こうとすれば、
どうしても「極端だ」と言われてしまうものです。
でもまわりから「極端だ」と言われるくらいじゃなければ、
この濁った世の中に、〝新しいもの〟なんて
生み出せないでしょう。

VISION
SHOIN YOSHIDA

085

ひとつのことに狂え

「私は絶対こうする」という思想を保てる精神状態は、ある意味、狂気です。おかしいんです。

でもその狂気を持っている人は、幸せだと思うんです。

VISION
SHOIN YOSHIDA

086

どう生きたいか

他人から馬鹿にされたくない。
皆それればかり気にするものです。
家がおんぼろだとか、服が時代遅れだとか、
ろくなものを食べていないとか。
しかし、人はあやういものです。
生きているときは生きていますが、
死ぬときは、もう死んでいるわけです。
今日はお金があっても、明日は一文無しかもしれませんし、
今日は皆から愛されていても、
明日は皆の心が離れているかもしれない。
ですから、私が大事だと思うのは、
ただ「自分はどう生きたいか?」
その方針に従って生活することなんです。
それが人の道というものじゃないでしょうか。

VISION
SHOIN YOSHIDA

087

うまいメシを喰うために

たいていの人は日に三度の食事をするわけですが、
お金を持っている、持っていない、
仕事をしている、していないとは関係なく、
なんの手柄もなく「メシを喰っている」人は、
(自分は世の中の有用なものを食い潰してしまっているんだ)
と、どうしても自覚してしまうものです。
そんなときは毎日、何度も反省して、
今日はひそかに泣いたっていいですから、
いつか大きな手柄を立てて、
心からおいしいごはんを食べましょうよ。

088

自分の夢にとどまらずみんなの夢に

自分の所だけではなく、
この分野そのものを良くしていこうという志を立てて、
いっそ世界をまるごと抱きかかえるくらい、
心のスケールを広げてみる。
まずはこちらから、競争相手に対して敬意を示していく。
人物と会うたびに、
その人ならではの技術・才能・知識を認めていく。

そうすれば、三年か五年もしないうちに、
その組織の人材は、他に比べることがないくらい
すばらしいものになると思います。

089

限界は何度だって超える

新しいことを学びましょう。
目標に向かう行動を増やしましょう。
それもひとつできるというなら、ふたつ、
みっつできるというなら、百、千って、
自分の持つありったけの力を使い切りましょう。
限界を何度も超えて、
完全にやり尽くしたという瞬間に
「自分の本分」というものが、かすかに見えることがあるんです。

その本分を知ることが、人生最大の目標です。
これればかりは、誰も教えてくれません。
自分の力で知るしかありません。

090

無尽蔵に掘り出せるもの

自分の外にあることは
求めたからといって、得られるものではありません。
外にあることというのは、
わかりやすく言うと、
「お金持ちになる」「有名になる」「人脈ができる」
みたいなことですが、
これらは結局、得ようとして、
得られるものではありませんから、
ここに心を尽くすのは馬鹿げています。

一方で、自分の内側にあるものは
求めれば、いくらでも得ることができます。

内側にあるものというのは――

人を思いやる気持ち。
損得を考えずに、やるべきだと思うことをやる気持ち。
礼儀を守る気持ち。
知らなかったことを、知ろうとする気持ち。
仲間との約束を守ったり、本音を言い合ったりする気持ち。

これらの気持ちは、
求めれば誰でも無限に手に入れることができます。
そして求めれば求めるほど、
自分と、自分を取り巻く世界のことが好きになるのです。
いくら費やしても、損はありません。

091

ことのはじまり

なんでも、
「最初の決心」というものが一番重要です。
これが、どこまでもついてまわるからです。

たとえば
名誉とか利益のためにはじめたことは、
やればやるほど欲が透けて見えてきてしまって
いくら豊かな知識とか、
すばらしい言葉で飾ってもごまかしきれなくなります。

事をはじめるのに、大切なことは、
シンプルに、心の底から、
「この道をきわめたい」
と叫ぶことができるかどうか。それだけなんです。

いまやっていることはどうでしょうか。
「最初の決心」はどんなものでしたか。
たまには振り返ってみてはいかがでしょうか。
もしずれてきているのだとしたら、
勇気を出して、いまのうちに軌道修正しておきましょう。

VISION
SHOIN YOSHIDA

092

心の声を見つけろ

心を疲れさせないためには、余計なものを求めないことです。
ですが、よく考えればいらないものを、
つい求めてしまうのが人間の弱いところでもあります。
「自分が本当にしたいこと」を、
いい加減に扱っているときほど、
そういうものばかり追いかけてしまうのです。

VISION
SHOIN YOSHIDA

093

嘆かなくていい

勝手に言わせておきましょうよ。
あなたが本気なのは、神様はわかっていますから。

VISION
SHOIN YOSHIDA

094

大事と小事

私は何千年という未来にかかわる仕事をしています。
それに比べたら、出世とか成功なんて、
この身ひとつにかかわるだけの、ほんのささいな出来事です。
死んだって、泣く価値もありません。

VISION
SHOIN YOSHIDA

095

空は見ている

できることは本当にちっぽけなことかもしれませんが、
どうしても新しい歴史の一端を担いたいのです。
この燃えるような熱い気持ちを、
たとえ一人もわかってくれなかったとしても、
この空だけはしっかり見てくれていると信じて、進みます。

VISION
SHOIN YOSHIDA

096

偉人たちの夢

焦って動かないことです。
なにをするにしても
「本当はどうなればいいのか？」と
目的を定めることが一番の近道です。

いつでもその余裕を残せるように、
定期的に頭の中を整理しておいた方がいいでしょう。
整理しても、うまく目的が定まらないというのなら、
偉人たちが一体どんな想いで、どんなことをめざしていたのか、
本で調べてみればいいと思います。

097

思い出すべきこと

能力の高さや、評判とは関係なく、
あなたにもひとつくらい、
得意なことがあることでしょう。

いったん他のことは中止して、
その得意なことに、
使えるすべての時間とすべてのエネルギーを
集中させてみてください。
忘れているのは、その覚悟ですよ。

VISION
SHOIN YOSHIDA

098

その先には愛がある

心からやりたいと思うことはなんでしょうか。
それを「やりたい」と思うのはなぜでしょうか。
自分の欲求をとことんまで追求すれば、
皆、同じところに行き着きます。
「自分は自分のことを愛している。
そしてそれと同じくらい、皆のことも愛している」
ということに。
その性質は、天とか神様が作ったもの。
天とか神様というのは、もともと愛が好きなんですね。

099

欲しいものはすでに持っている

いまあるものを味わい尽くしましょう。
もう十分に受け取っているはずだから。
そういう態度を続けていれば、
他人が手に入れたものを欲しいとは思わなくなってきます。
欲しがらないでいると、
寡欲であるという評判が加わるから、
他人が着飾っているものも
自然に欲しいとは思わなくなってきます。

楽しみはいつも自分の中にあるもので、
環境は自分の幸福感に
なんら影響を与えるものではありません。

VISION
SHOIN YOSHIDA

100

埋められないもの

自分にとって、なにが恥でしょうか。
義理を欠いてしまったことでしょうか。
まだ実績がないことでしょうか。
能力が足りていないことでしょうか。
役職や年収が人並み以下であることでしょうか。
人からあまり好かれていないことでしょうか。

ですが、
人から敬意を集めようと、
いくら努力を重ねても、空しく感じられてしまうのは、
自分の力でどうにかできるのは、
自分の内側にあることしかないと、
すでにわかりきっていることだからです。

101

成功者の法則

後に大人物になった人が、
共通して行ってきたことは、
昔も今もたったひとつのこと。
それは身の回りに注意深く目と耳を傾けて、
どこかで、まだ世に出ぬ才能を見いだしたら、
他人がいくらその人のことを悪く言っていたとしても、
ためらうことなく声をかけ、交流することです。

VISION
SHOIN YOSHIDA

102

憧れの人の精神をつなぐ

私は何度もしくじりましたし、
自分のことを、賢い人間だとはとうてい思えません。
ですがこの世の中を救ってきた偉人たちの精神だけは、
なんとか引き継げるんじゃないかと思っています。
自分を育ててくれたものを守るために、
できることはそれだけです。

VISION
SHOIN YOSHIDA

103

日本人である幸せ

空に境界線がないように、
貧富とか身分の差とは関係なく、
みんなで喜び、みんなで心配し、
お互いを思いやって生きる。それが日本人の道なんです。

VISION
SHOIN YOSHIDA

104

失敗するほど燃え上がる

私が立てた計画は、今まで数え切れないほど頓挫しています。
しかし頓挫するたびに、
私の志はますます大きくなっていきます。
想像してしまうからです。障害を乗り越えた後の世界を。

VISION

SHOIN YOSHIDA

105

宇宙の原理

なんとしても、これがやりたい。
その爆発こそが、万物のルーツです。
逆らえるはずがありません。

VISION
SHOIN YOSHIDA

106

ここからはじまる

今、立っているこの場所を、
日本をもっとすばらしい国にするための、
出発点にしようと思います。
ここは本当におんぼろですし、田舎ですし、
ちっぽけなところですが、
私はその希望が叶うと信じています。

107

役割が人を作る

大自然の掟として、
すべての生物にはそれぞれ与えられた役割があります。
どんな仕事でもいいのです。
ただその仕事だけは、なにが起きても責任を持つ。
絶対に逃げない。
面倒に巻き込まれても、笑って「これが自分の仕事だから」
心の底からそう言えたまさにそのときから、
命が宿るのです。

VISION
SHOIN YOSHIDA

108

恥ずかしがらずに手を差し伸べる

人が自分のために動いてくれないのは、
自分が人のために動いてないからです。
周囲に想いが伝わらないのは、
そもそも自分の志が浅いからです。

自分の身の回りだけではなく、世の中のことを見てみましょう。
役に立てることは、いくらでもあるのです。
あなたの助けはきっと必要なんです。
知らんぷりするなんて、別に格好良くありません。

109

凡人の評価

やると宣言したことを
やり切ることができた人に対しては拍手喝采ですが、
もしも失敗してしまったらそのまま牢屋送り。
世間の評価とはそのようなものです。
ただ知らされた結果だけを見て、
手放しに称賛したり、激しく非難したりする。
せめて、その仲間にだけはならないでください。

VISION
SHOIN YOSHIDA

110

ときめくものがないと嘆く前に

とことん考え抜きましょう。
達成感はずっと先に期待しましょう。
出だしでつまずいたとしても、勢いだけで乗り切りましょう。
そうすればどんなことだって、
挑戦しがいのあることに変わるはずです。

111

壁を楽しめるかどうか

生まれつき才能をもった人はたくさんいます。
子どもの頃は、その才能が自然に輝いています。
ですが、その才能を磨き続けられる人は本当に少ないのです。
多くの人が
「才能さえあれば、途中で行き詰まることはないだろう」
と勘違いするからです。
才能はあったとしても、
なかったとしても、行き詰まるものです。
ただ行き詰まったときに、
「面白い」と思えるかどうかによって、
そのあとが決まってくるのです。

VISION
SHOIN YOSHIDA

112

やってきたことのペースを守る

ひとたび才能が開花すれば、周囲にもてはやされるが故に、
才能に振り回され、潰れてしまう人だらけです。
本物になるまで二十年。
ただ、愚直に動いていればいい。
今がどんな境遇だったとしても、愚直に動いていれば、
いつか大きな花が咲くことでしょう。

VISION
SHOIN YOSHIDA

113

初心の価値

名を上げたいとか、
体面を守りたいとか
そんなことを気にするがあまり、
初心を曲げてしまったら、おしまいです。
一度曲がった初心は、二度と元には戻らないのですから。

知

WISDOM

SHOIN YOSHIDA

知は行の本たり
行は知の実たり

WISDOM

SHOIN YOSHIDA

松陰からの学び四

「負けん気」を育てる

いくら知識を増やしてもしょうがない。

すばらしい本を読んでも、すばらしい話を聞いても、旅に出てすばらしい景色を見ても、それは知識が増えたというだけで、人生の根本的な役には立っていない。

物事には本質と枝葉がある。

枝葉が知識なら、本質は「どう生きたいのか」という志である。

この志を言葉にし、いつも懐に携えていれば、どこへ行って、誰と会い、なにを見て、なにを聞いても、あらゆるものが道を明るく照らす光となる。

どうすれば人は志を立てられるのだろうか。

その源は負けん気にある。

すばらしいものと出会ったとき、「自分も同じ人間だ。負けてなるものか」

と発憤することができるかどうか。ただそれだけである。

負けん気の正体を見つけることができたら、もういても立ってもいられなくなるはずだ。

志のために行動をする。そして志のために行動したからこそ、はじめてその学問を理解できたと言える。

吉田松陰にはいつも「めざす人物」がいた。
「こういう人になるために、学ぼう」という目標があった。
学問の神として敬われている吉田松陰だが、
それは「誰かに評価されるための学問」ではなく、
本当に自分が日本を変える人物になれるかどうかの、孤独な真剣勝負だったのだ。

114

思い込みを疑え

人の解釈を聞いて、
自分もわかったような気になってはいないでしょうか。
たとえ信頼に足る人物の解釈だとしても、
それも思い込みのひとつです。
思い込みは無数にあります。
どれを選択するかは、あなたの自由です。

WISDOM

SHOIN YOSHIDA

115

調べるよりも聞こう

なんでもかんでも知識ばかり集めるのは、
役立たずのインテリだけでいいのです。
活きた知識を身につけたかったら、
直接その場に行って話を聞き、その目で見て、
その手で触れるのが一番早いでしょう。

116

学ぶならとことんまで

一度、学ぶと決めたら、
もしも途中で「やっぱり無駄かもしれない」と感じたとしても、
最後まで学び切る覚悟でいきましょう。
いろんなものに手をつけて、
やったり、やめたりをくり返していたら、時間を喰うばかりで、
なにも生まれませんから。

117

体験するまでは虚像

世間で言う批判とか賞賛とか、
どれもこれも、あてになったためしはありません。
真実は、むしろ逆であることの方が多いのです。
そんなことは百も承知のはずなのに、
ありもしない幻想を、あると決めつけ、
追いかけることに骨を折る気でしょうか。

WISDOM
SHOIN YOSHIDA

118

自分を磨くため

出世するための勉強というのは、
私はあまりおすすめしません。
そこで得た知識や能力を、誰かに使ってもらうことを、
受動的に待つしかありませんから。

勉強は「自分を磨くため」という考え方が、シンプルで好きです。
自分のために、自分を磨き続けている人は、
偉くなるなんて考えもしないのに、
自然と、周囲から尊敬されるような人物になっていきます。
評価ばかり気にしていたら、そうはいきませんよね。

WISDOM
SHOIN YOSHIDA

119

読書の心得

早く効果を上げたい気持ちはわかります。
ですが、本を読むときは、
頭の中から「たぶんこういうことだろう」
という推測を捨て去った方がいいと思います。
頭の中を空っぽにして、本の世界に飛び込む感じです。
頭じゃない。
魂のこもった著者の心を、
からだ全体で受け止めるんです。

WISDOM
SHOIN YOSHIDA

120

二種類の生き方

人の性格を大きく分けると二種類あって、

「自分がやりたくないことはしない」

という保守的な性格か、

「自分がやりたいことだけをやっていればいい」

という自由な性格か、たいていどちらかに偏ります。

両者は本来、別のタイプの人間なんですが、
中には、のんびりと心静かに、思うままに過ごし、
あらゆる損得に眉一つ動かさない

頑固者でありながら、
いざというとき、思い切って冒険できる人がいます。
どうすればそんな人になれるんでしょうか。
学問ですよ。
それが、私が学問をきわめたいと思う
唯一にして最大の理由です。

121

学び上手な人

本当に知恵のある人は、
自分の知識を披露するよりも、人に質問することを好みます。
一見くだらないように見える話も、
注意深く観察して、大切なことは見逃しません。

つまり自分は才能がない、性格が悪いと落ち込むよりも、
人の才能や知識を、
まるで自分の持ち物であるかように考えた方が
賢いということです。
人のやさしさとか思いやりも、口先でほめるのではなく、
まるで自分のもののように愛せばいいんです。
そうすれば、あらゆる人たちの力が加わって、
いまよりもっとすばらしいことができるはずなんです。

WISDOM
SHOIN YOSHIDA

122

学びの賞味期限

すぐれた人の話や文章に触れて、
自分もまねしてみようと思うことは簡単です。
しかし学んだ今すぐ、その気持ちを行動に移して、
結果を出してみなければ、
その学びは二度と自分のものにはならないでしょう。

WISDOM
SHOIN YOSHIDA

123

今の人と昔の人

「昔の人はすごかった」
と遠い目をするような輩に、ろくな人はいません。

昔の人も、今の人も違いなどなく、
昔の人でも小者は小者、凡人は凡人ですし、
今の人でもヒーローはヒーロー、
チャレンジャーはチャレンジャーです。

時代に勢いがあるときは、
ヒーローが活躍して、小者がなりをひそめますが、

時代の勢いが弱まってくると、
小者が権力を持って、ヒーローが現れにくくなります。

時代によって、
小者が幅を利かせる、おとなしくなる、
という違いこそあれ、
今も昔も「自然の力」と「人の道理」というものだけは
一瞬たりとも変化したことはありません。

WISDOM
SHOIN YOSHIDA

124

ヒントを無駄にするな

多くの本には、
すばらしい人生を送った人や、賢い生き方をしている人の
発言や行動が記録されているわけですが、
「それはあくまでも本の話、自分とは関係ない」
と、頭でっかちな人ほどよく言います。

本当に知恵をつけたいと思うなら、
賢い人の言ったことや、やったことを、
「結果論だ」と斜にかまえたりせず、
とりあえず試してみてはいかがでしょうか。

WISDOM
SHOIN YOSHIDA

125

行き詰まったときはいずれかを

歴史に関心がなく、
心の友もいないとなると、
すぐにつまらない人間になってしまいます。
本を読む。仲間と会う。
これが、古い自分から脱皮するための道です。

126

本の持つ力

どんな本でもいいのです。
本を開いてみれば、その瞬間、人生が変わるかもしれません。
本にはそんな可能性を持った言葉が無数に転がっています。

でも読む人はあまりいません。
読んだとしても、ほとんどの人は
本に書かれている教えを真似しようとしません。
一度、真似してみればいいのにと切実に思います。

ひとつでもいいんです。
実際、真似してみたら驚くことだらけです。

そうしたらこんなこともできるんじゃないかと、
他にも試してみたいことがあふれてきて、
そのうち、
「これは一生かかってもやり切れないな」
と気づくことになります。もっと早くやれば良かったと。

ああ、
とにかく、真似してみれば間違いないんです。
これは、
わざわざ言うことではないかもしれませんが、
言わずにはいられないのです。

WISDOM
SHOIN YOSHIDA

127

時間は矢のごとく

わずかな時間も惜しい。
そう感じないのであれば、
その勉強は身になっていません。
惰性でいやいや続けるよりも、
どうすればその勉強にのめり込めるのか、
きっかけを探した方がいいでしょう。

WISDOM

SHOIN YOSHIDA

128

我流でやらない

過去のやり方なんて、どうでもいいですか。
独自の考え方で、いけるところまでいきますか。
先人のたどった道筋を参考にしないなんて、
どれだけ遠回りする気なんですか。

129

惜しみなく教え、頭を下げる

「あいつはよく勉強している」と言われるような人は、
よく本を読んだり、調べ物をしたりしている、
ということではなく、その道をきわめようとしています。
それもただその道をきわめようとするだけではなく、
後からやって来る者に対しては、自分が知っていることを、
惜しみなく教えようとします。
さらに「その道においては先輩」だと認識していれば、
相手の年齢や、役職がどれだけ下だとしてもこだわらず、
頭を下げて教えを乞います。

技術はずいぶん進んで、
情報収集をする人は世の中にあふれ返っています。
しかしそんな風に道をきわめようとする人は、
ほとんどいないんです。

130

勝つ人と勝ち続ける人

勉強なんかできなくたって、最善を尽くせばそれでいい。
ですが勉強している人が、最善を尽くしたら、
それには絶対かないません。
いつまでも一線で活躍するつもりなら、
勘や経験だけに頼らず、
本質を学び続けることを怠ってはいけません。

WISDOM
SHOIN YOSHIDA

131

情報をむさぼるな

知識は問題を解くために必要なカギです。
問題に結びつかない情報収集は、ただの退屈しのぎです。

132

未知なるものの価値

新たに知ることが、新たな行動を生みます。
できるということは、すでに知っているということです。
できなければ、反復しましょう。

133

知識だけあっても尊敬されない

どれだけ知っているかによって、優劣が決まる。
そんな価値基準で生きられるのは、学者の集まりだけでしょう。
自分のやるべきことに向かって、
熱く生きている人は、むしろ知識太りを恥じるものです。

WISDOM
SHOIN YOSHIDA

134

本質を知る

本質とは、
語らずともただそれに触れただけで、わかってしまうもの。
あまりの美しさに、拝みたいような気持ちにさせられるもの。
そのくせシンプルで、わかりやすく、
身近なものとして感じることができるもの。

WISDOM

SHOIN YOSHIDA

135

学ぶとは思い出すこと

思いやりとかやさしさは、
持つものではなく、思い出すものです。
人を喜ばせようとするのは、善意ではなく、本能です。
「本来の人間らしさ」を取り戻すために、私は学びます。

WISDOM
SHOIN YOSHIDA

136

知識と行動

知識は、過去のこと。
行動は、今これからのこと。
したがって、行動を起こす前には、まず知識を疑うこと。

WISDOM
SHOIN YOSHIDA

137

長所を引き立てるために

知識にしても技術にしても、
なるべく効率よく、多くを身につける方法を求めがちですが、
そんなことに骨を折るよりも、
自分の持っているものの中で、
「他の人には簡単に真似できないもの」は
なんであるのかを、よく見きわめた方が良いでしょう。
それがあってこその知識や技術ですから。

WISDOM
SHOIN YOSHIDA

138

確かめるまでは語らない

物のよしあしを言うのなら、
せめて、そのことについてよく調べてから言ってください。
理解もせずに文句を言って、満足しているんじゃありません。

WISDOM
SHOIN YOSHIDA

139

知識を血肉とするには

「人に教えること」を目的にしたときから、
学習の軸はぶれはじめてきます。
わざわざそんなことを考えなくても、
新しい知識を得たときにいつも
その知識を「自分ならどう役に立てるか」
と身の回りのことに照らし合わせるようにしていれば、
誰になにを質問されても、
堂々と答えられるような人になるんです。

WISDOM
SHOIN YOSHIDA

140

学者と武士

わたしは学者でありたい。
わたしが理想とする「学」とは
本を山ほど読んだり、
自分の考えを広めたりすることではなく、
自分の生き方を追求し、
世の中の役に立つものを届けることです。

わたしは武士でありたい。
わたしが理想とする「武」とは、
喧嘩の腕を磨いたり、
権力を手に入れたりすることではなく、
なにに対して命を注ぐかを明確にし、
その迷いを断ち切ることです。

WISDOM
SHOIN YOSHIDA

141

再開すれば、それも継続

一か月でできなかったら、
二か月で完成させようと決めればいい。
二か月でできなかったら、
百日で完成させようと決めればいい。
問題は見通しがはずれたことよりも、
途中で投げ出してしまうことです。

142

勝因はどこにあったか

才能、知識、人脈。
それらはいくらあっても、最後の最後は役に立ちません。
地道なことを、どれだけ丁寧に積み重ねられるか。
ただそれだけが、大きなことを成し遂げる基盤になるんです。

友

FELLOW

SHOIN
YOSHIDA

親思ふ心にまさる親心
けふのおとずれ何ときくらん

FELLOW

SHOIN YOSHIDA

松陰からの学び五

自分が先頭を切る

まずは自分から熱くなること。自分から動き出すこと。
その姿を見て、冷ややかになったり、離れていったりする人もいるだろう。
だが同時にその想いを受け止めて、一緒に熱くなってくれる人も必ず現れる。
表裏一体。

誰かにとって否定的なことは、誰かにとって肯定的なことでもある。
だから自信をもって好きなことは好き、嫌いなものは嫌いだと言えばいい。
そうすれば、まわりの人間が入れ替わって、
新しい友が次々と加わり、「事を成し遂げる空気」が生まれるはずである。

同じ志に向かって、ともに歩める友人は貴重だ。
松陰は自分の弟子たちを「友」と呼び、場所を問わず学び、語り合い、本音

をさらけ出し合った。

松陰は人を信じやすく、誰よりも優しかった。また誰よりもずばぬけて熱くなりやすかった。

その熱さに本気で付き合える人だけが、吉田松陰にとっての友であり続けることができた。

人生で会わなくなった友がいても、それで絆が切れてしまうわけではない。本音をぶつけ合った者同士、その志はいつまでも心の中でつながっているものだ。

松陰は志半ばで命を落とした。

だがその志を受け、明治維新はまさにおこった。

FELLOW
SHOIN YOSHIDA

143

大きな心を持つには

表面的な付き合いではなく、
本当に大切にしたいと思う仲間が、
大きな勇気を与えてくれるというのに、

損得勘定を捨てて、
正義のためにやろうとする気持ちが、
大きな高揚感を生んでくれるというのに、

そういう基本的なことを、
いい加減に考えて生きていたら、
そのうち自分の人生が嫌になってしまいます。

144

問題に取り組む前に

どうやるか。誰がやるか。
そんなことは後回しでいいのです。
自分たちの持つ能力や道具を無駄遣いしたくなかったら、
遠慮していないで、まずはお互いの本音を打ち明けることです。

145

集団の中で生きる

清廉。どんな人といても、自分を失わない。
協調。どんな人といても、その人に調子を合わせて楽しめる。

この清廉と協調というのは、バランスが難しいものです。
清廉でいようとすれば、世界が広がらないし、
協調ばかりしていると、自分を見失いやすい。
どっちがいいのでしょうか。
正解はありません。
もしなにかを学ぼうとするなら、
清廉でも協調でも、自分の生き方に近い人物や本から
学べばいいと思います。

ただめざしてほしいのは、
他人の考えを尊重し認めながらも、
自分の考えは周囲に流されず、はっきりと述べることができる、
そういう生き方です。
そういう生き方ができれば、
そこが今あなたにとって、居心地の悪い場所だったとしても、
やがて心ある人物を味方につけることができるはずです。

146

力が目覚めるとき

自分の中に眠り、まだ日の目を見ない人望と才能。
それを引き出してくれるのは、
ほぼ例外なく自分の仲間になる人か、
自分の師匠にあたる人物です。
だからこそ品格が高い人ほど、
「誰と付き合うか」をいつも真剣に考え、
厳しく選んでいるんです。

FELLOW
SHOIN YOSHIDA

147

仲間を助ける

仲間が道を踏み外していたら、
全力で叱りましょう。
遠慮なんかいるもんですか。
余計なお世話だと思われてもかまいません。
その勇気が、一生の友を与えてくれるんです。

FELLOW

SHOIN YOSHIDA

148

志を合わせる

いくら頭で考えても、なにも起こりはしません。
大きなことを成し遂げるには、
自分と同じ志を持った人に会って、
自分の想いを伝えることです。
新しい歴史はいつもそこから動き出しています。

149

やさしさとはなにか

もっと他人にやさしくしたいなら、
自分のことをもっとよく知ればいいのです。
自分の中にあるものを認めれば認めるほど
他人の中にあるものを、
もっと大切に扱えるようになることでしょう。

FELLOW
SHOIN YOSHIDA

150

嫌な人は鏡

愛されようとするのではなく、
こちらから愛しましょう。
尊重してもらおうとするのではなく、
こちらから尊重しましょう。

誰かが横暴な態度をとってきたら
「なにか失礼なことをしてしまっているのだろうか」

と自分の心に聞きましょう。

もし心当たりがなかったら、

「なにか身勝手なことをしてしまっているのだろうか」

と自分の心に聞きましょう。


ここまでは、やろうと思えばできることです。

いくら自分の態度を思い返しても、
自分には否がないと確信したとき、
急に相手のことが許せなくなるものです。

ですが、腹を立てても得るものはありませんから、
横暴な態度というものは、やんわり受け流すしかありません。
そのかわりに
「自分はどうすればもっと良くなれるか」
という反省をひとつ加えてみましょう。
反省をひとつ加えてみるだけで、
相手のことをもう少し許せるようになるはずです。

魅力あふれる人というのは、
自分の人生をどうするべきかと悩んでいます。
今日の悩みなんて、どうでもいいんです。

151

人に教えるイメージ

綿を水でひたす感じ。
赤ちゃんにおっぱいを飲ませる感じ。
お香をたいて、香りを服や布にしみこませる感じ。
土器をかまどで焼き固める感じ。
人を導いていくときも、こんな風に自然に。

FELLOW
SHOIN YOSHIDA

152

お互いの誇りを尊重する

皆が納得していることには異論をしめし、
誰かがずばぬけて好きなことには敬意をしめす。
皆が信じ込んでいるものには疑問を投げかけ、
その人しか持っていないものには敬意をしめす。
余計な口を挟まない。
これはひとつの集団が活躍するために不可欠なルールです。

FELLOW
SHOIN YOSHIDA

153

駄目なものに尽くすこそ価値がある

チームに勢いがあって盛り上がっているときは、
誰もが忠義を立てるものですが、
勢いがなくなって衰えてくると、
急にいなくなったり、裏切ったりする人が増えます。

生き抜くためという理由もあるのでしょう。
ですが結局、最後まで踏ん張れなかった人は、
どれだけずば抜けた才能や技術があったとしても、
私は尊敬できません。

すばらしいリーダーのもとで
がんばる人はいくらでもいます。
どうしようもないリーダーのもとで、
がんばれるからこそ、すごいのです。

ほめられて、がんばる人も珍しくない。
怒られても、がんばれるからこそ強くなるんです。

物事を成就させる方法はただひとつ。
それは「覚悟すること」だと思います。

FELLOW
SHOIN YOSHIDA

154

人が動物と違う理由

人には「五倫」、
つまり〃踏みにじってはいけないもの〃が五つあります。
ひとつは親子の愛情、ひとつは自分が大切だと思う人の気持ち、
それから夫婦の役割を認め合う心、年上を尊敬する心、
そして仲間との信頼関係です。
人が人である理由は「心」にあります。
そして人は、人の心に触れることによってのみ、
そこに進むべき道を見つけることができます。

動物には絶対に得られない、人であることの最上の喜びは、
「尽くしたいもののために尽くせること」です。

FELLOW
SHOIN YOSHIDA

155

出世するほど大事にすべきこと

礼儀をわきまえているかどうか。
民を大切にできているかどうか。
その問いかけを忘れた王様は皆、滅んでしまいました。

156

信じて疑わない

私は
人を疑い続けて、うまくやるよりも、
人を信じ続けて、馬鹿を見る男になりたい。

157

この世の仕組み

父は父らしく、妻は妻らしく、子は子らしく、
先輩は先輩らしく、部下は部下らしく、
皆それぞれ、自分の役割をつとめてほしいです。
そうすれば、この世はもっと平和になるはずですから。

この法則は、
インテリや理屈っぽい人ほど、
なかなか理解してくれないんですよね。

158

人生は目に宿る

人の心は、目を見ればわかります。
生き方はちゃんと目に宿っています。
目を見なければ、交流ははじまりません。

159

出会いと別れ

来るものは拒みません。
ですから、その人が今までどれだけ駄目だったか、
性格が悪かったかは、別に知りたくないですし、
どうでもいいのです。

去るものは追いません。
ですが、あの人がどれだけ素敵でいい人だったか、
どういうわけか、いつまでも忘れられないんです。

160

聖者にはなれないが

裏表はある。打算もあるでしょう。
人間だからそんなの当然です。
しかしたった一度の行為だとしても、
誠の心でやりとげた、そのたった一度のことは、
いつまでも人の胸を打ち続けるものなのです。

FELLOW
SHOIN YOSHIDA

161

どう見いだすか

どれほどの馬鹿者だとしても、
ひとつかふたつ、才能だけはあります。

FELLOW

SHOIN YOSHIDA

162

磨けばいつでも光る

人が生まれるとき、天は皆に才能を与えました。
でもほとんどの人は、目先の欲や些事にとらわれて、
その才能をためしてみようとすら思いません。
教えてあげましょう。

FELLOW
SHOIN YOSHIDA

163

認められる順番

よそ者としてどう見られるかは、気にしないでください。
自分がやりたいことも、とりあえずは置いておきましょう。
自分が今いる場所で、自分ができる目の前のことを、
まずは精一杯やりましょう。
仲間だと認めてもらうのはそれからです。

FELLOW
SHOIN YOSHIDA

164

人同士の法則

仲間になろうと、
かっこつけて誘っても意味がありません。
仲間になりたければ、
はじめから仲間のように接すればいいのです。

165

やるならとことんまで

いいことをしたい。皆に喜んでもらいたい。
それはいいことです。
ただ残念なのは、
「月並みな奉仕」で考えが止まってしまうところです。
百にひとつ、千にひとつ、万にひとつの
「飛び抜けた奉仕」を考えてみませんか。

死

SPIRIT

SHOIN
YOSHIDA

死して不朽の見込みあらばいつでも死ぬべし
生きて大業の見込みあらばいつでも生くべし

SPIRIT

SHOIN YOSHIDA

松陰からの学び六

終わりを意識する

享楽にふけることで、一時的に忘れることはできる。

だがそれは静かに、着実に歩み寄ってくる。もしくは予想を裏切り突然やってくる。

ひとりとして例外はなく、いつかは必ず対面する。

あろうことか、本人も知らないうちに。


死。終わりを意識できるのは人間だけだ。

それでも懸命になって、死のイメージから逃れようとする人は、いつの間にか「人生はいつまでも続くもの」だと思い込まされているのかもしれない。

人生は長いと思う人もいる。人生は短いと思う人もいる。

だが本気で生きるということは、

「わずかな残り時間でなにができるか」を必死で考えることによく似ている。

やり残していることを、臆せずにやればいい。

死を意識すれば、人の〝生〟は否応なく正解を導き出すはずだから。

松陰は死罪だとわかっていながら、迷うことなく海外へ密航しようと試みた。死ぬまで出られないとわかっていながら、牢獄の中で「人生とはなにか」を学び、人に教え続けた。

三〇年という短い一生の中で、松陰が見つけた〝死への決着〟とはなんだったのか。

SPIRIT
SHOIN YOSHIDA

166

止まることは許されない

進まなければ、退化します。
途中でやめれば、すべてが無駄になります。
だから、今日死んでも悔いを残さないよう、
死ぬまで前に進み続けるしかありません。

167

最後の宿題

自分はいつまで若さを保てるか、
人よりどれくらい長生きできるか、
そんなのは、自分の思いのままになることではありません。

ただそれでも、
自分という人間をいつまでも磨き続ける
というのは、あなたの宿題なんです。

168

壊すのか、守るのか

常識を壊すのはロマンチストの役目で、
その道を保守するのは頑固者の役目です。
人生が全部で何年あるのかはわかりませんが、
残りの年月は確実に減っています。
もし先駆けをためらい、保守もいやだというのなら、
その人生は、一体なにを誇りとして幕を引くつもりでしょうか。

SPIRIT
SHOIN YOSHIDA

169

命の重さ

士の命は、山よりも重い。
ときには、羽根よりも軽い。
私が言いたいのは、死は問題じゃないということです。
なんのためにその命を使っているのか
ただそれだけが問題なんです。

170

動物ではなく人間として

もしも自分が動物だったとして、
ある日、人間に生まれ変わるのだとしたら、
まずなにをしたいか。どんな風に生きたいか。
簡単な話ではありませんね。
同じ人間同士、一緒に追求していきましょう。

171

死を想え

「自分の命は今日で終わり」
そう思ったとたん、
視界から余計なものがきれいさっぱりと消えて、
自分がこれからどこに向かうべきか、
目の前に太くて真ったいらな道が、一本伸びているんです。

172

自分はどこからやってきたのか

自分のこの身の、原点は一体どこにあるのか。
はるか昔までゆっくりと思いを馳せていくと、
突如、感激の心が湧き起こり、
「よし、やってやろう」という決意が生まれます。

SPIRIT
SHOIN YOSHIDA

173

大切な人のために今日できること

今日という日は二度ときません。
死ねば、再びこの世に生まれることはありません。
だから大切な人を喜ばせるために、
少しの時間も無駄にしちゃいけないんです。

SPIRIT
SHOIN YOSHIDA

174

人生は四季を巡る

もうすぐこの世を去るというのに、
こんなにおだやかな気持ちでいられるのは、
春夏秋冬、四季の移り変わりのことを考えていたからです。

春に種をまいて、夏に苗を植え、
秋に刈り取り、冬がくれば貯蔵する。
春と夏にがんばった分、
秋がくると農民は酒をつくって、
なんなら甘酒なんかもつくって、
収穫を祝い、どの村でも歓喜の声があふれます。

収穫期がやってきて、
きつい仕事がようやく終わった。
そんなときに、悲しむ人なんていないでしょう。

私は三〇歳で人生を終えようとしています。
いまだ、なにひとつできたことはありません。
このまま死ぬのは惜しいです。
がんばって働いたけれど、
なにも花を咲かせず、実をつけなかった。

ですが、
私自身のことを考えれば、
やっぱり実りを迎える時期がきたと思うんです。

農業は一年で一回りしますが、
人の寿命というものは決まっていません。
その人にふさわしい春夏秋冬みたいなものが、
あるような気がするんです。
百歳で死ぬ人は百歳なりの四季が、
三〇歳で死ぬ人は三〇歳なりの四季があるということ。
つまり、
三〇歳を短すぎるというなら、
夏の蝉と比べて、ご神木は寿命が長すぎる
というのと似たようなものじゃないかと思います。

私は三〇歳で、四季を終えました。
私の実りが熟れた実なのか、
モミガラなのかはわかりません。

ですがもしあなたたちの中に、
私のささやかな志を受け継いでやろう
という気概のある方がいたら、
これほどうれしいことはありません。
いつか皆で収穫を祝いましょう。

その光景を夢に見ながら、私はもういくことにします。

SPIRIT
SHOIN YOSHIDA

175

祖先を想え

今のこの世界を残すために、
自分の命を差し出した人たちがいます。
彼らはなんのために命を捧げようと考えたのでしょうか。
私たちは考えなければいけません。
今のこの世界は、
彼らが思い望んだ未来になっているのでしょうか。
その答えは、私たちの生き方でしめすしかありません。

SPIRIT
SHOIN YOSHIDA

176

辞世の句

私の身がここで滅んだとしても、
私の日本人としての魂は、ここに置いていくことにします。

身はたとひ　武蔵の野辺に　朽ちぬとも
留め置かまし　大和魂

あとがき

池田貴将

一人でいれば、読書をして、自分と向き合う。

仲間といれば、議論をぶつけて、志を語り合う。

つねに全体を見渡し、個としての自分はどう動くべきか見定めながら、たとえ旅の途中であろうとも、牢獄に入れられようとも、死を目の前にしようとも、松陰先生は自分が信じる生き方を、最期まで貫き通しました。

「やらなければならないことがあるなら、それは誰かがなさなければならない。もし誰もやらないのであれば、喜んで私がやろう。その結果が英雄と称されようが、死罪となろうがそれは私の知るところではない」

死罪の判決を受けたとき、松陰先生はまったく動じませんでした。

「承知しました」と答えて立つなり、付き添いの役人に「今日もまたご苦労でございます」とやさしく言葉をかけ、刑場に着けば、死刑にのぞんで懐紙を出し、はなをかむと、心静かに目を閉じたと言います。

首切り役は後に「これほど最期の立派だった人は見たことがない」と感服したそうです。

松陰先生は自らの毅然とした行動と発言でもって、人が本来持っている力を思い出させてくれます。

自分の生き方だけが、自分を救ってくれる。

そして人は何も付け加えなくても、すばらしい生き方をすることができる、そう気づかせてくれるのです。


吉田松陰という存在は、没後一五〇年以上たった今もなお「きみは本気で生きているのか?」と私に問いかけてきます。

彼は三十歳で亡くなりました。

奇しくも同じ年齢で、私はこの本を作る機会に恵まれましたが、松陰先生の存在ははるかに遠い。そのことをただただ痛感することになりました。

「教えることはできないが、一緒に学びましょう」とは松陰先生が弟子たちにかけた言葉です。

松陰先生が命をかけて残そうとした知恵と想いを、読者の皆様とともに受け止め、後の世につなぐことができればこれ以上の喜びはありません。

参考文献

『講孟劄記（上）（下）』吉田松陰（著）／近藤 啓吾（訳） 講談社

『吉田松陰 留魂録』古川薫（著） 講談社

『吉田松陰（1）（2）』山岡荘八（著） 講談社

『講孟余話ほか』吉田松陰（著）／松本三之介 松永昌三 田中彰（訳） 中央公論新社

『吉田松陰全集（全12巻）』山口県教育会（編） 岩波書店

『日本精神の研究』安岡正篤（著） 致知出版社

『シリーズ萩ものがたり21 吉田松陰 人とことば』関厚夫（著） 萩市役所

『シリーズ萩ものがたり5 松陰先生のことば ―― 今に伝わる志』萩市立明倫小学校（監修）／一坂太郎（編） 萩市役所

『語録を今に生かす 吉田松陰語録』折本章（著） 財団法人松風会

『啓発録』橋本左内（著）／伴五十嗣郎（訳） 講談社

『西郷南洲遺訓 附・手抄言志録及遺文』山田済斎（編） 岩波書店

『論語』加地伸行（著） 角川書店

『孟子（上）（下）』小林勝人（訳） 岩波書店

『修身教授録』森信三（著） 致知出版社

『名言セラピー 幕末スペシャル The Revolution!』ひすいこたろう（著） ディスカヴァー・トゥエンティワン

『日本人の神髄 8人の先賢に学ぶ「大和魂」』小田全宏（著） サンマーク出版

『リーダーの指針 「東洋思考」』田口佳史（著） かんき出版

『歴史に学ぶ興亡の法則 日本史の盛衰周期を探る』林英臣（著） 致知出版社

各言葉の超訳は、主に次の文献を参考にさせていただきました。

００１講孟剳記（上）／００２講孟剳記（下）／００３講孟剳記（上）／００４留魂録／００５従弟玉木彦介に与ふる書／００６講孟剳記（上）／００７講孟剳記（上）／００８講孟剳記（上）／００９講孟剳記（下）／０１０講孟剳記（上）／０１１講孟剳記（上）／０１２講孟剳記（下）／０１３講孟剳記（下）／０１４講孟剳記（下）／０１５講孟剳記（下）／０１６講孟剳記（下）／０１７講孟剳記（下）／０１８野山獄文稿「士規七則」／０１９松陰詩稿「彦介の元服を祝す」／０２０講孟剳記（上）／０２１講孟剳記（上）／０２２浮屠清狂に与うる書／０２３丙辰幽室文稿「七生説」／０２４未忍焚稿「人の忠を問へるに答ふ」／０２５未焚稿「寡欲録」／０２６将及私言「至誠」／０２７講孟剳記（下）／０２８丙辰幽室文稿「久坂生の文を評す」／０２９丙辰幽室文稿「久坂玄瑞に復する書」／０３０戊午幽室文稿「狂夫の言」／０３１猛省録／０３２兄梅太郎宛書簡／０３３戊午幽室文稿「投獄紀事」／０３４兄梅太郎宛書簡／０３５講孟剳記／０３６浮屠黙霖に復する書／０３７松村文祥を送る序／０３８講孟剳記（上）／０３９講孟剳記／０４０講孟剳記（上）／０４１講孟剳記（上）／０４２幽囚録／０４３講孟剳記（下）／０４４講孟剳記（上）／０４５講孟剳記（上）／０４６講孟剳記（下）／０４７講孟剳記（上）／０４８講孟剳記（上）／０４９講孟剳記（上）／０５０講孟剳記（上）／０５１講孟剳記（上）／０５２講孟剳記（上）／０５３講孟剳記（下）／０５４講孟剳記(上)／０５５講孟剳記(上)／０５６講孟剳記(下)／０５７講孟剳記（上）／０５８野山獄文稿「士規七則」／０５９同「士規七則」／０６０同「士規七則」／０６１講孟剳記（上）／０６２講孟剳記（下）／０６３松陰詩稿「五十七短古」／０６４将及私言／０６５将及私言／０６６未焚稿「兵学寮掟書条々」／０６７未焚稿「兵学寮掟書条々」／０６８武教全書講章「籠城の大将心定めの事」／０６９武教全書講章「籠城の大将心定めの事」／０７０将及私言／０７１丙辰幽室文稿「又読む七則」／０７２講孟剳記／０７３中谷賓卿を送る序／０７４講孟剳記（上）／０７５幽囚録／０７６小田村伊之助あて書翰／０７７講孟剳記（下）／０７８講孟剳記／０７９講孟剳記／０８０獄中より家兄伯教に上る書／０８１講孟剳記（下）・吉田松陰（２）山岡荘八／０８２講孟剳記（上）／０８３野山獄文稿「士規七則」／０８４講孟剳記（上）／０８５講孟剳記（上）／０８６講孟剳記（上）／０８７講孟剳記（下）／０８８講孟剳記（上）／０８９講孟剳記（下）／０９０講孟剳記（下）／０９１講孟剳記（上）／０９２講孟剳記（下）／０９３回顧録（松陰読本）／０９４松下村塾記「華夷の弁」・諸友に語ぐる書・松下村塾より僧黙霖に与えた手紙／０９５佐世八十郎に送った手紙／０９６野山獄文稿「士規七則」／０９７野山雑著／０９８講孟剳記／０９９講孟剳記（下）／１００講孟剳記（下）／１０１将及私言／１０２丙辰幽室文稿「七生説」／１０３丙辰幽室文稿「天下は一人の天下に非ざるの説」／１０４東北遊日記／１０５野山獄文稿「士規七則」／１０６戊午幽室文稿「村塾の壁に留題す」／１０７丙辰幽室文稿「久坂生の文を評す」／１０８丙辰幽室文稿「久坂生の文を評す」／１０９松陰詩稿「五十七短古」／１１０講孟剳記／１１１講孟剳記／１１２赤川淡水の館中同学に与ふる書を読む／１１３講孟剳記（上）／１１４講孟剳記（上）／１１５要路役人に与ふ／１１６講孟剳記（上）／１１７講孟剳記（上）／１１８講孟剳記（上）／１１９講孟剳記（上）／１２０講孟剳記（上）／１２１明倫館御再興に付き気付書／１２２講孟剳記（下）／１２３講孟剳記（下）／１２４講孟剳記（下）／１２５野山獄文稿「士規七則」／１２６同「士規七則」／１２７講孟剳記／１２８松陰詩稿「松下村塾聯」／１２９野山獄文稿「太華山県先生に与えて講孟剳記の評を乞う書」／１３０未忍焚稿「人の忠を問へるに答ふ」／１３１未焚稿「兵学寮掟書条々」／１３２未焚稿「兵学寮掟書条々」／１３３丙辰幽室文稿「久坂生の文を評す」／１３４講孟剳記／１３５講孟剳記／１３６戊午幽室文稿「諸生に示す」／１３７己未文稿「思父（品川弥二郎）を詰る」／１３８兄梅太郎宛書簡／１３９講孟剳記／１４０寡欲録／１４１諸生に示す／１４２講孟剳記（下）／１４３講孟剳記（上）／１４４講孟剳記（上）／１４５講孟剳記（上）／１４６野山獄文稿「士規七則」／１４７講孟剳記／１４８留魂録／１４９講孟剳記（下）／１５０講孟剳記（上）／１５１講孟剳記（上）／１５２講孟剳記（下）／１５３講孟剳記（上）／１５４講孟剳記・野山獄文稿「士規七則」／１５５講孟剳記（上）／１５６講孟剳記（上）／１５７講孟剳記（上）／１５８講孟剳記／１５９講孟剳記／１６０久坂玄瑞に復する書／１６１福堂策／１６２馬島生に与ふ／１６３丙辰幽室文稿「久坂生の文を評す」／１６４講孟剳記／１６５中村道太に与ふ／１６６講孟剳記（下）／１６７講孟剳記（下）／１６８講孟剳記（下）／１６９武教全書講録「財宝器物」／１７０野山獄文稿「士規七則」／１７１妹千代あて書翰／１７２講孟剳記（下）／１７３丙辰幽室文稿「人に與ふ二篇」／１７４留魂録／１７５照顔録／１７６留魂録

編訳者プロフィール

池田貴将（いけだ・たかまさ）

早稲田大学卒。リーダーシップ・行動心理学の研究者。

大学在籍中に世界Ｎｏ．１コーチと呼ばれるアンソニー・ロビンズから直接指導を受け、ビジネスの成果を上げる「実践心理学」と、東洋の「人間力を高める学問」を統合した独自のメソッドを開発。リーダーシップと目標達成の講座を開始すると、全国の経営者・役職者からたちまち高い評価を得た。

また安岡正篤、中村天風、森信三の教えを学び、東洋思想の研究にも余念がなく、中でも最も感銘を受けた吉田松陰の志を継ぐことを自らの使命としている。

著作に『未来記憶』（サンマーク出版）『動きたくて眠れなくなる。』（サンクチュアリ出版）がある。

池田貴将　公式サイト
http://www.ikedatakamasa.com/
（志に向かって歩む人たちを対象としたメールマガジンやセミナーを開催）

覚悟の磨き方　超訳 吉田松陰

２０１３年６月10日　初版発行
２０２５年２月20日　第五六刷発行（累計60万４千部※電子書籍を含む）

編訳　池田貴将
デザイン　井上新八
写真　アマナイメージズ

編集　橋本圭右／営業　市川聡（サンクチュアリ出版）

印刷・製本　中央精版印刷株式会社
発行者　鶴巻謙介
発行所　サンクチュアリ出版

〒１１３-００２３　東京都文京区向丘２-14-９
ＴＥＬ　０３-５８３４-２５０７　ＦＡＸ　０３-５８３４-２５０８
https://www.sanctuarybooks.jp
info@sanctuarybooks.jp